CB046000

CÍRCULO *Luna Parque*
DE POEMAS *Fósforo*

A água é uma máquina do tempo

Aline Motta

1ª reimpressão

A água é uma máquina do tempo

Deixou um rastro de leite e sangue. Teve sete filhos, entre eles,
minha bisavó. Morreu de tuberculose, mas a história que contam
é que morreu de susto por causa de bombas na baía de Guanabara
durante a Revolta da Armada. Militares contra militares,
a República era só mais um golpe. Os vidros trincavam,
as xícaras tremiam, a estrutura da casa ficou abalada.

No sobrado viviam várias famílias, era difícil separar os utensílios dos doentes. Não se sabia mais quem havia passado o infortúnio para quem. Explodia mais um tiro de canhão e escoravam as rachaduras com improvisados pedaços de pau dando a impressão de que aquela obra nunca terminaria. No final, Ambrosina já não podia mais com tanto barulho. Era o ano de 1894.

O susto já havia levado uma das filhas de Ambrosina. Era Carnaval. Nicaldes estava na soleira da porta observando o movimento. De repente, um homem vestido de caveira vem em sua direção. Ela desfalece. O homem vestido de caveira pega a menina desmaiada nos braços e a leva até a mãe, que estendia roupa no quintal.
Depois de voltar a si, Nicaldes nunca mais foi a mesma.
Um morto havia entrado nela. Começou a entoar ruídos estranhos, apontava para fantasmas arrumando gavetas imaginárias.

Pressentiu seu próprio fim, mas errou a destinação. Naturalmente, a doença veio buscar sua mãe primeiro.

Aos cinco de Junho de mil oito centos e noventa e quatro no Rio de Janeiro cartório da quarta Pretoria perante mim escrevente ad hoc juramentado compareceu Joaquim Antonio Vieira, portuguez, casado, de trinta e dois annos, rezidente a Rua Evaristo da Veiga, quarenta e tres e exhibindo o attestado de obito passado pelo Doutor Francisco José Xavier disse que em sua rezidencia falleceu hoje as sete horas da manhã de tuberculose pulmonar sua sogra Ambrozina Cafezeiro Gomes, cor parda, de trinta e sete annos, casada com Manoel José Gomes, natural da Bahia, Brasil, era filha legitima de José dos Santos Cafezeiro e de Maria da Gloria Cafezeiro, falleceu sem testamento e deixou sete filhos, Ambrosina, Iracema, Antonio, Honorina, Cassiunda, Izaulina, Nicaldes, rezidia no logar do obito e vai ser sepultada no cemiterio de São João Batista. Para constar assinou o declarante.
Joaquim José de Mello Souza,

escrevente ad hoc juramentado
escrevi.

AMBROSINA CAFEZEIRO GOMES

Manoel José Gomes e seus filhos convidam ás pessoas de sua amisade para assistirem á missa de 30º dia por alma de sua mulher e mãi **Ambrosina Cafezeiro Gomes** amanhã, quinta-feira 5 do corrente, ás 9 horas, na igreja de S. Francisco de Paula; pelo que se confessam eternamente gratos.

Ambrosina Cafezeiro Gomes

Joaquim Antonio Vieira e sua mulher, Michaella Iracema Gomes, genro e filhas da fallecida **Ambrosina Cafezeiro Gomes**, convidam os parentes e conhecidos da mesma finada a assistirem á missa do 3º mez que por sua alma será rezada amanhã, quinta-feira 6 do corrente, na igreja da Lapa do Desterro.

Rua Evaristo da Veiga, n. 43
Centro do Rio de Janeiro. 1894.

Já havia funcionado uma estalagem nos fundos com uma alfaiataria na
frente. Depois construíram o sobrado e, com ele, surgiu
a casa de cômodos. Nesta rua há o convento, o quartel e
o quarto da minha tataravó. Há dias sem conseguir se levantar,
ela mal respira, expele lufadas de ar contaminado. O corpo
se desintegra em tosse. Os vizinhos da pensão apenas esperam
o dia amanhecer: está tísica, sussurram.

Uma menina negra coloca na roda o filho que acabou de parir.
A sineta toca. Do outro lado, uma freira recolherá o bebê. Ele não
chora. Havia a esperança de que o leite de primeiro parto pudesse ser
alugado para outro recém-nascido.

Uma medalhinha da virgem da Conceição no pescoço, uma fita
vermelha no braço, estes serão os sinais, peço que guardem meu filho
até que minhas forças me permitam buscá-lo. Poderosos motivos
obrigam a abandonar este menino, Deus sabe até quando. Não está
batizado. Deve se chamar Francisco. Era o que ela queria ter escrito
num bilhetinho, antes do depósito.

Ambrosina sabe da rotina dos enjeitados e conta mais um. Ela
também ouve a sineta, mora do outro lado da rua.

Lançar bebês na roda de madrugada assegura ainda mais
o anonimato. "Nem todas as crianças vingam, bateu-lhe o coração."
Nem todas as mães vingam.

Praia da Gloria
Praia da Lapa
Praia de Sta Luzia

R. dos Arcos
Grande
Roda Typog.
Quartel
Mo Sto
R. E. Verga
S. Mai d. Guarda
do Rio Rua

Arsenal de
Ponta

G   H   I

Convento de
Sto Antonio

Calabouço

J   K

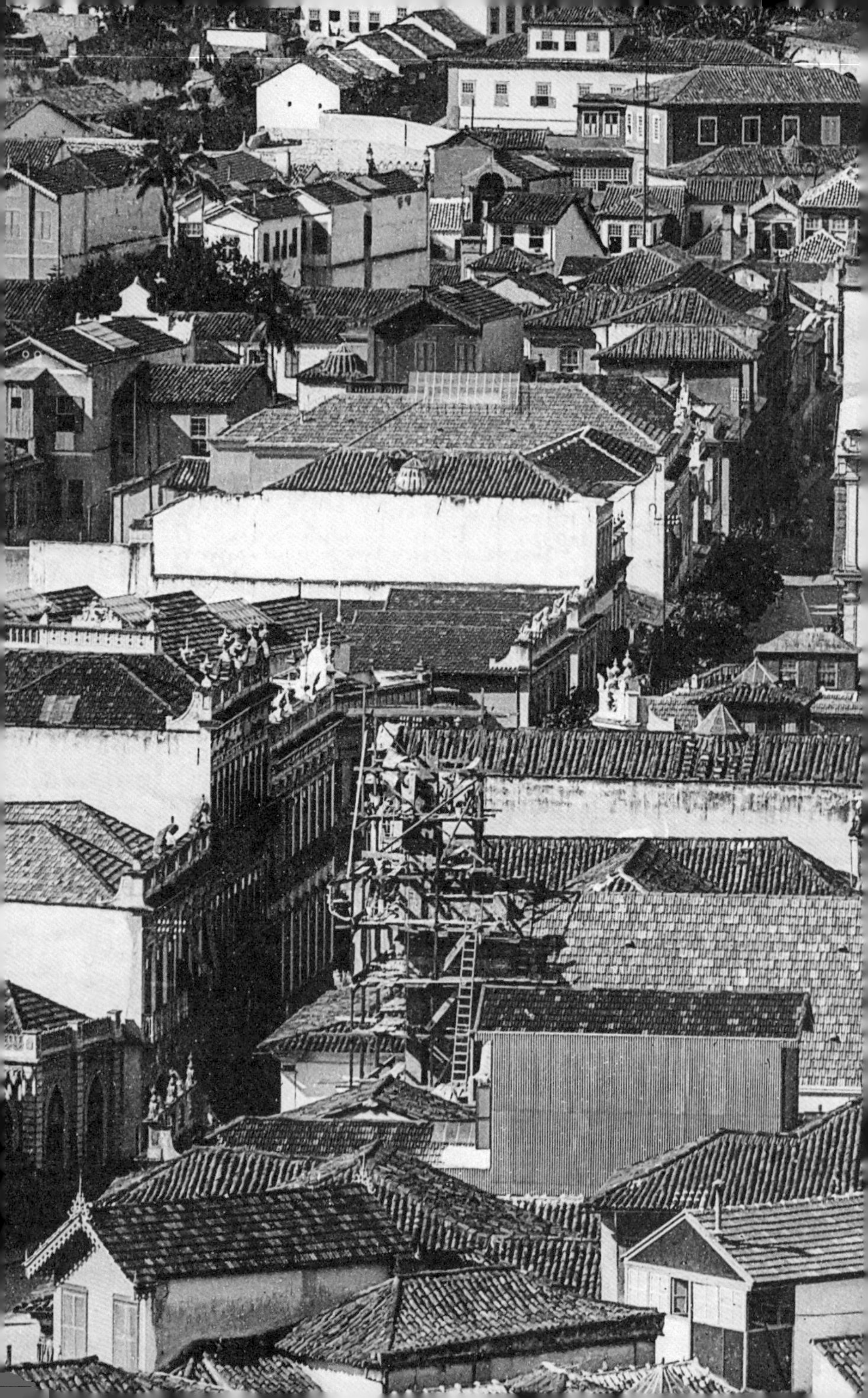

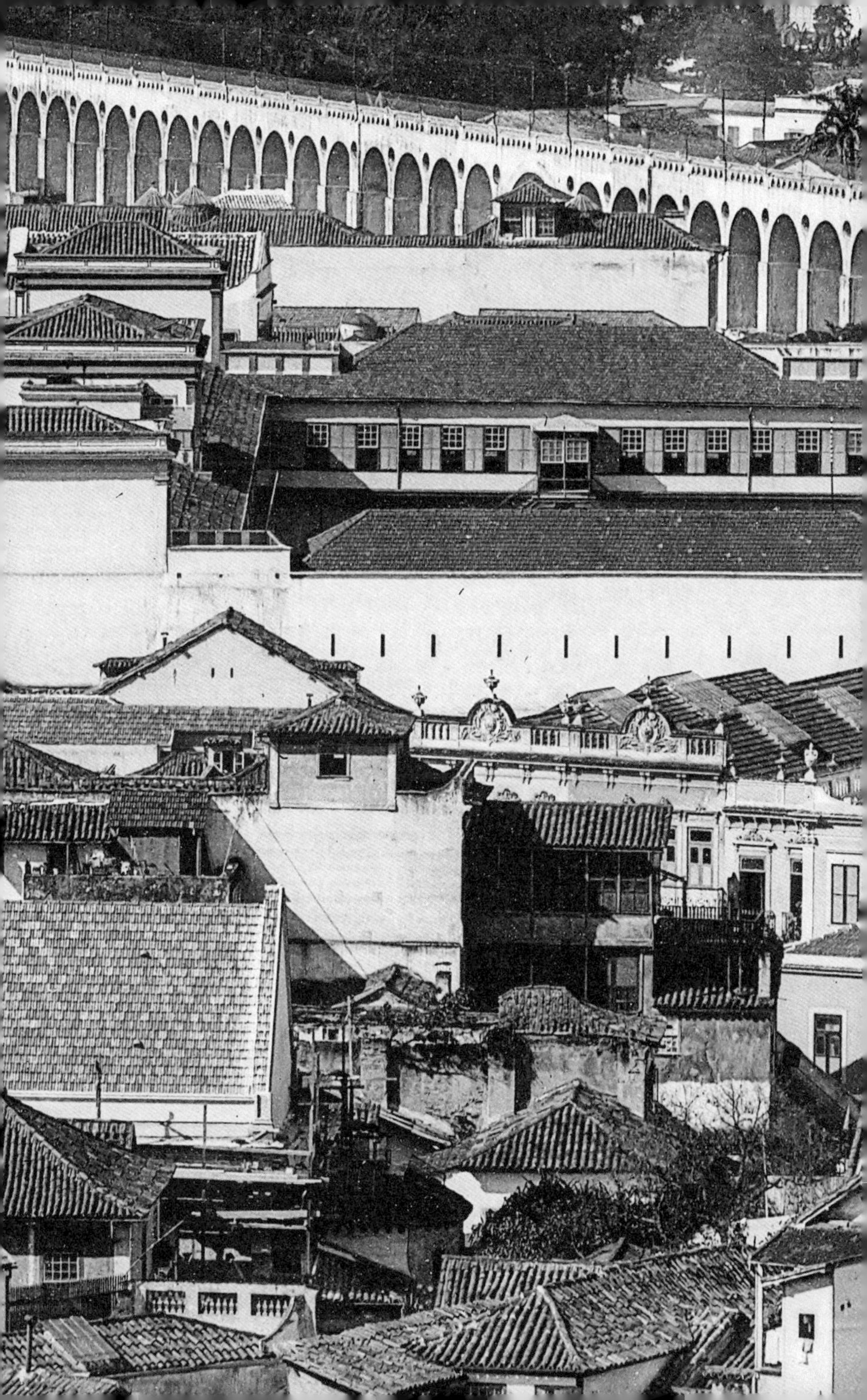

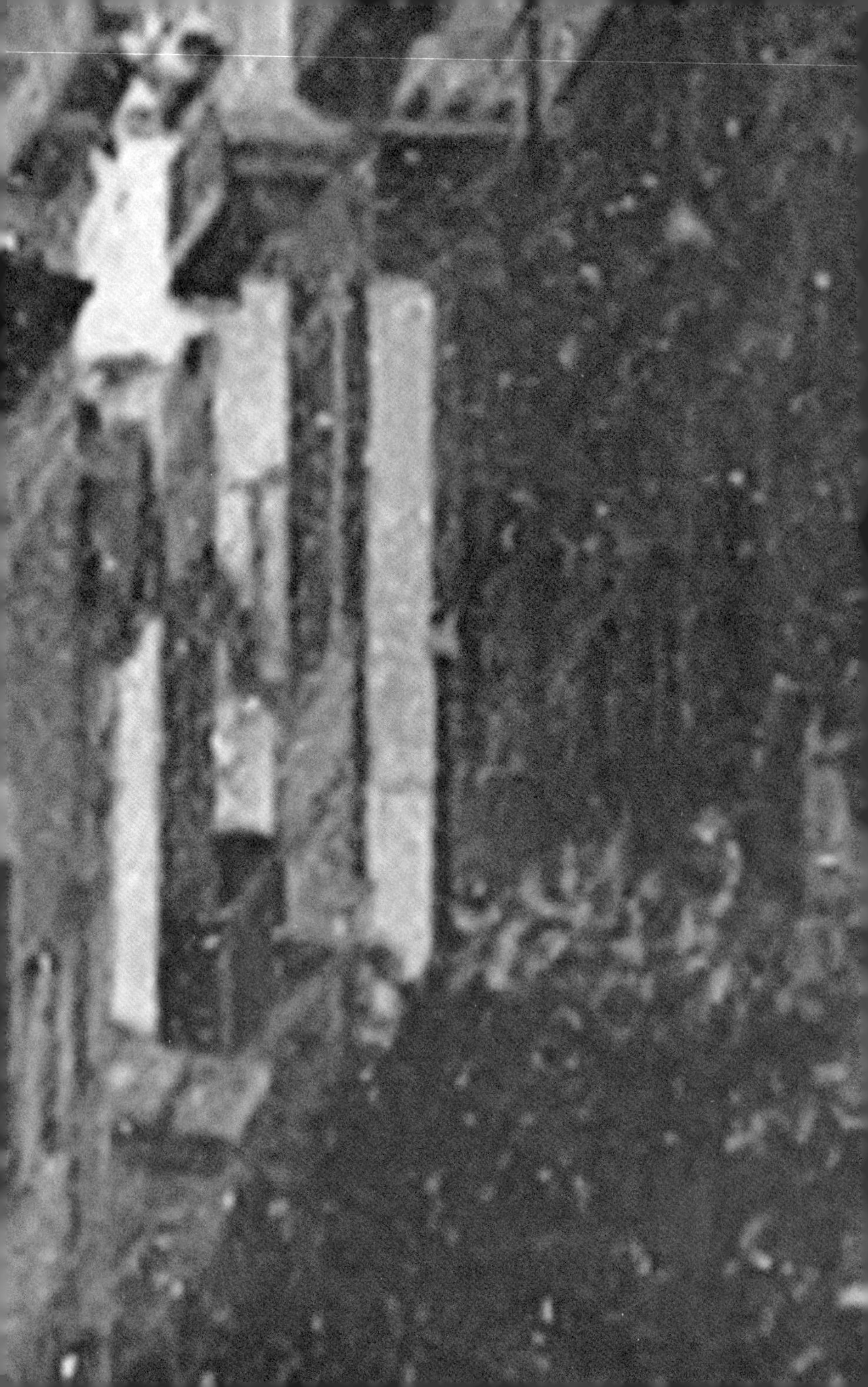

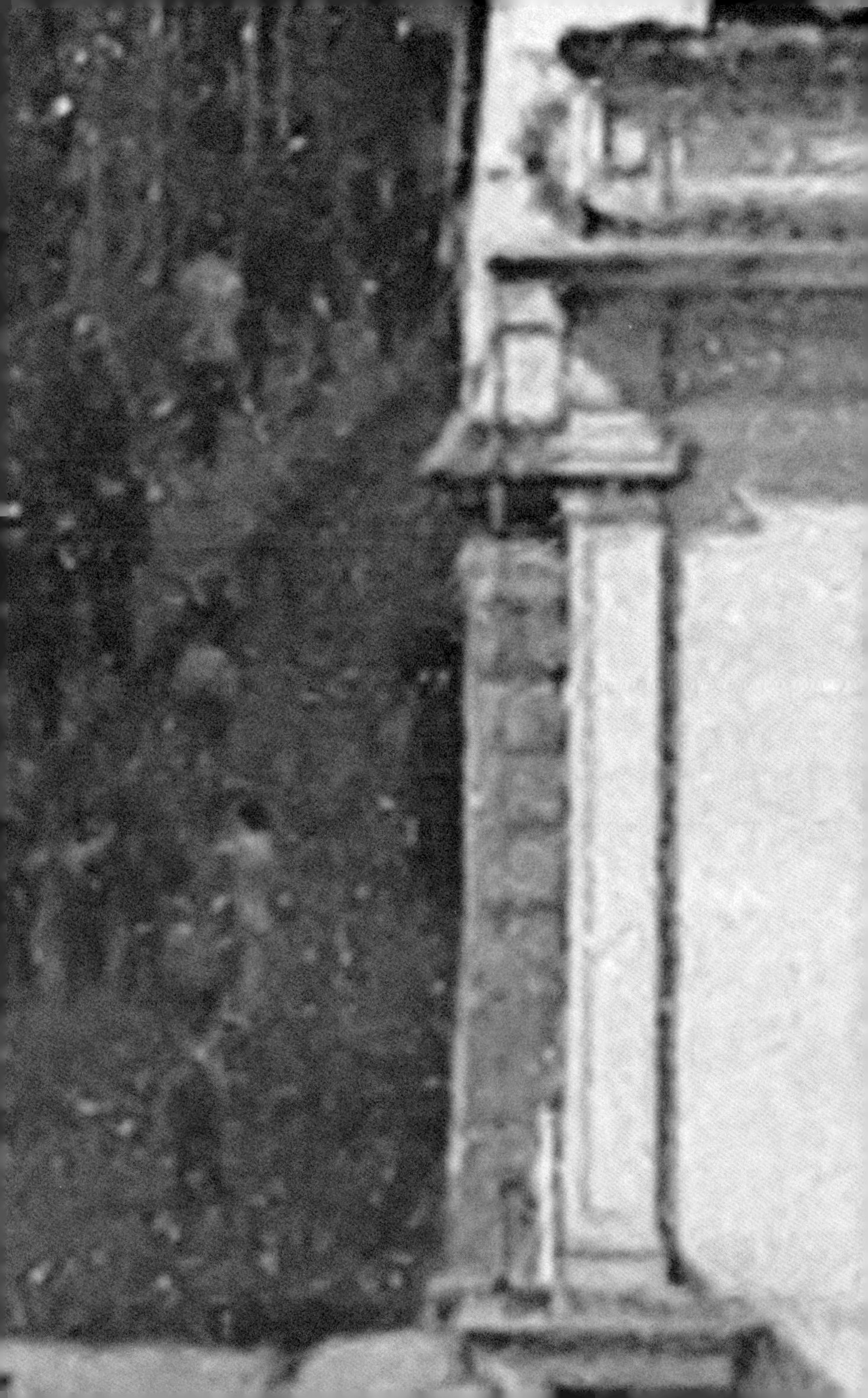

Não era sempre que passava mal no cais, mas naquele dia
o colapso não passou despercebido. Apesar do luto por Carolina,
não se pode apressar o fim. Sentado de costas para a câmera,
há um grande número de pessoas em volta. Um homem abana
o seu rosto com um leque, outro é registrado com a mão na sua testa.
Para recobrar a consciência, costumava refazer mentalmente
o percurso de alguns de seus personagens pelas ruas do centro.
As obras e demolições recentes haviam desconfigurado o roteiro de
"Pai contra mãe". Esse memorial de trajetos ainda faria sentido
no futuro? Abriu os olhos, estranhou aquela comoção.
Em breve, as crises constantes já seriam relíquias de casa velha.

O Dr. Maxado de Assis
acometido de uma sincope no Caes
da Pharoux — Rio-1-8-07

Ao entrar na rua da Reliquias de Casa Velha.

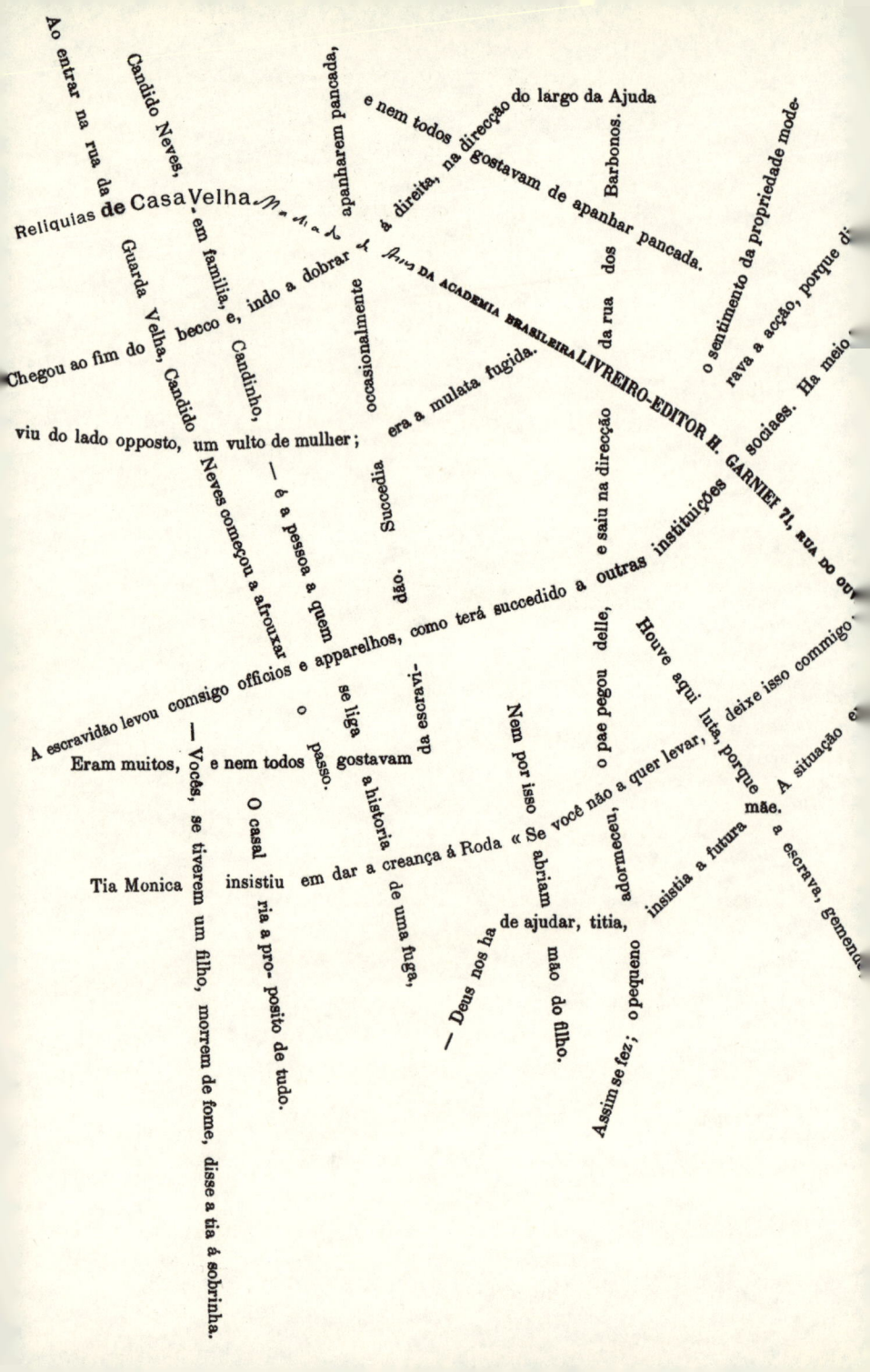

Candido Neves,

apanharem pancada,

e nem todos gostavam de apanhar pancada.

do largo da Ajuda

á direita, na direcção da rua dos Barbonos.

em familia,

Chegou ao fim do becco e, indo a dobrar a Guarda Velha, Candido Candinho,

occasionalmente

DA ACADEMIA BRASILEIRA LIVREIRO-EDITOR H. GARNIER, 71, RUA DO OU

o sentimento da propriedade mode-
rava a acção, porque di-
sociaes. Ha meio

Succedia era a mulata fugida.

viu do lado opposto, um vulto de mulher;

Neves começou a afrouxar

— é a pessoa a quem

e saiu na direcção

dão.

A escravidão levou comsigo officios e apparelhos, como terá succedido a outras instituições

se liga
o passo.

a escrava

Houve aqui luta, porque

Eram muitos, e nem todos gostavam a historia de uma fuga,

Nem por isso o pae pegou delle, adormeceu;

deixe isso commigo

A situação e

— Vocês, se tiverem um filho, morrem de fome,

Tia Monica insistiu em dar a creança á Roda « Se você não a quer levar,

O casal ria a pro- posito de tudo.

— Deus nos ha de ajudar, titia, mão do filho.

insistia a futura mãe.

a escrava, gemend

Assim se fez; o pequeno

disse a tia á sobrinha.

No chão, onde jazia, levada do medo de luta e da dôr, e após algum tempo a escrava abortou.

— Estou gravida, meu senhor!

Pediu então que a soltasse pelo amor de Deus.

— Nem todas as creanças vingam, bateu-lhe o coração.

avos fugiam com frequen- cia.

A fuga repetia-se, entretanto.

rua dos Barbonos.

de algum tempo

lem- branças de um dia ou de outro da tristeza que passou, da felicidade que se perdeu. entrou sem vida neste mundo,

dóe.

DE JANEIRO 1906 ADVERTENCIA Uma casa tem muita vez as suas reliquias

— Você é que tem culpa. Quem lhe manda fazer filhos e fugir depois? perguntou Candido Neves,

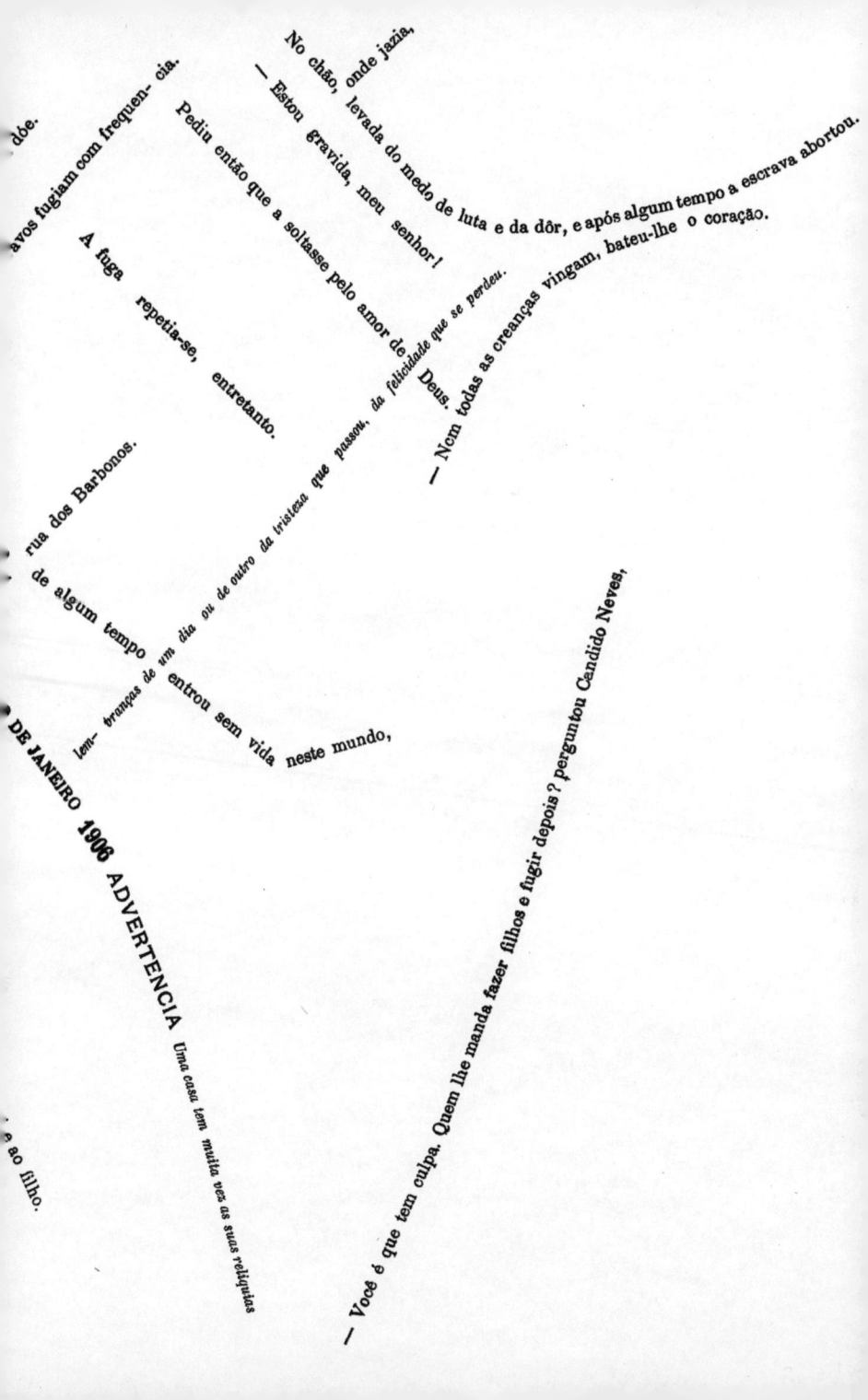

e ao filho.

A — NÃO CORTE OS NEGATIVOS.

RAPTO

Corre um inquerito pela policia contra Eurico Juvenal da Cruz, que, tendo raptado e violentado umá menor, de familia pobre mas honrada, a principio declarou o crime e que estava disposto a reparal-o pelo casamento; mas na 13ª pretoria negou-se a fazel-o.

O Dr. Luiz Cirne, 1º delegado de policia, remetteu ao Dr. juiz da 13ª pretoria os autos de inquerito iniciado contra Eurico Juvenal da Cruz, por crime de defloramento na pessoa de Iracema Gomes.

Entre os muitos processos por crime de defloramento, que correm pelas diversas delegacias de policia, figura um em que é réo Eurico Juvenal da Cruz.

Não obstante ter a principio declarado estar prompto a *reparar* a falta commettida, recusa-se agora fazel-o, pelo que foi contra elle expedido mandado de prisão.

O fructo prohibido é delicioso, mas tem os seus amargos resaibos, é o que deve pensar hoje o Sr. Cruz.

Foi hontem rectificada na Casa de Detenção a prisão de Eurico Juvenal da Cruz, em virtude de mandado expedido pelo Dr. Ataulfo Paiva, a requerimento do Dr. Mello Mattos, 3º promotor publico, por achar-se Eurico incurso nas penas do art. 268 combinado com o art. 269 e modificado pelo 272 do Codigo Penal.

O inquerito foi preparado pelo Dr. 1º delegado Cirne de Lima.

1º Houve com effeito o defloramento?
2º Qual o meio empregado?
3º Houve copula carnal?
4º Houve violencia para fins libidinosos?
5º Quaes foram essas violencias?
6º Em virtude do meio empregado, ficou a Offendida empossibilitada de resistir e deffender-se?

                              MEMBRO VIRIL

        HONRA   PÊNIS

                    HÍMEN

DEFLORAR

                         MEMBRANA

ÓRGÃOS GENITAIS

                              SEDUZIR

                 VAGINA

                      CÓPULA CARNAL

DESAGRAVAR A HONRA DESONRAR OFENDER A HONRA

Aos quatro dias do mes de
Dezembro de mil oito centos
e noventa e um nesta Capital Federal, na sala da
Decima Terceira Pretoria
onde se achava o respectivo juiz, o Doutor Ataulfo
Napoles de Paiva commigo Escrivão de seu
cargo ao diante nomeado, ahi sendo uma
uma hora da tarde na presença das testemunhas Arthur
Augusto Machado e Arthur Luis de Carvalho
receberam se em matrimonio Eurico Juvenal
da Cruz, empregado
de commercio, filho legitimo de João Paulino da
Cruz e dona Guilhermina
de Macedo Cruz, com
dona Michaela
Iracema Gomes, fluminense
de treze annos, solteira,
filha legitima de Manoel
Jose Gomes e Ambrosina
Caffezeiro Gomes, moradora nesta pretoria.
Que os contrahentes
não são parentes em
grau prohibido

e não fizeram contracto
ante nupcial. E
para constar lavrei e
assignei.

Michaela Traverna Gomes

Mas o que deixou Ambrosina mesmo sem ar foi saber que a única solução para aquela desonra era lutar para que a sua filha se casasse com quem a tinha violentado. Entre o melhor e o certo, a escolha era cumprir a lei.

Hoje, a avenida que corta o bairro do Leblon ao meio tem o nome do juiz de paz do caso.

Não tinha corpo e ainda brincava de bonecas. Lavava com sangue as bacias sujas do parto interrompido. O ventre se contraía e o feto escorregava ainda sem forma a cada gravidez malsucedida. Resíduos que traziam a memória da denúncia. Era o seu jeito de dizer não. A barriga não segurava bebês, ainda era um lugar impenetrável, inviolável, inquebrável. Começou com 13 anos aquele aperto. O tempo agora passaria por um funil, estreito conta-gotas. Michaela não daria nenhum filho a Eurico.

B - NÃO CORTE OS NEGATIVOS

Meu pai me levava na aula de natação. Um dia ouvi as outras

crianças se perguntando: será que ela é adotada?

Minha vizinha e melhor amiga na infância era branca.

Um dia perguntou para a mãe quando eu ia melhorar.

Uma vez uma senhora me deu dinheiro na rua e disse:

é para ajudar a sua família.

Discutir racismo na minha família era como entrar naquela parte do
mar em que não dá mais pé. Se fosse chamado pelo nome,
o equilíbrio familiar se quebraria, e a corrente nos levaria à deriva.
Na beira, não precisávamos passar a arrebentação. Fazíamos piada
daquilo tudo. Até que nada mais tinha graça. Acho que não foi bem
assim, você está imaginando coisas. Por que cismou com isso agora?

Era possível que estivesse suja. Suja de tanto brincar naquele
estacionamento. Era o lugar que tínhamos para brincar,
nos escondíamos atrás das rodas dos carros no pique-esconde
depois da escola. Era possível que estivesse descalça. Era possível que
o meu pai, que me acompanhava, não se parecesse em nada comigo.
Era possível que eu estivesse descabelada. Durante um tempo
procurei me ajeitar, nem sempre deu certo. Era possível tanta coisa.
Nessa época eu era frequentemente confundida com um menino,
tinha manchas nos joelhos e nos cotovelos, e os pelos do braço
pareciam mais escuros do que os das outras meninas. Eu, pele suja.
Tenho raiva por ter aceitado o dinheiro.

C – NÃO CORTE OS NEGATIVOS

Niterói, 9/5/79

Nem sei por que hoje comecei a escrever aqui, pois gosto mesmo é
de falar. Talvez me sinta deprimida, porque logo que cheguei soube
que a televisão colorida, tão cara, já pifou, e que o conserto deve
demorar. Pronto, logo agora que estava vendo o seriado "Raízes",
que fala sobre um assunto que me interessa muito. Mas sabe-se lá
se não foi bom isso acontecer, estamos tão viciados em olhar para a tela
que nos esquecemos de conversar sobre os problemas do dia a dia.
Graças a Deus, tenho o meu trabalho. Só o serviço de casa
e a monotonia do cotidiano acabariam comigo.

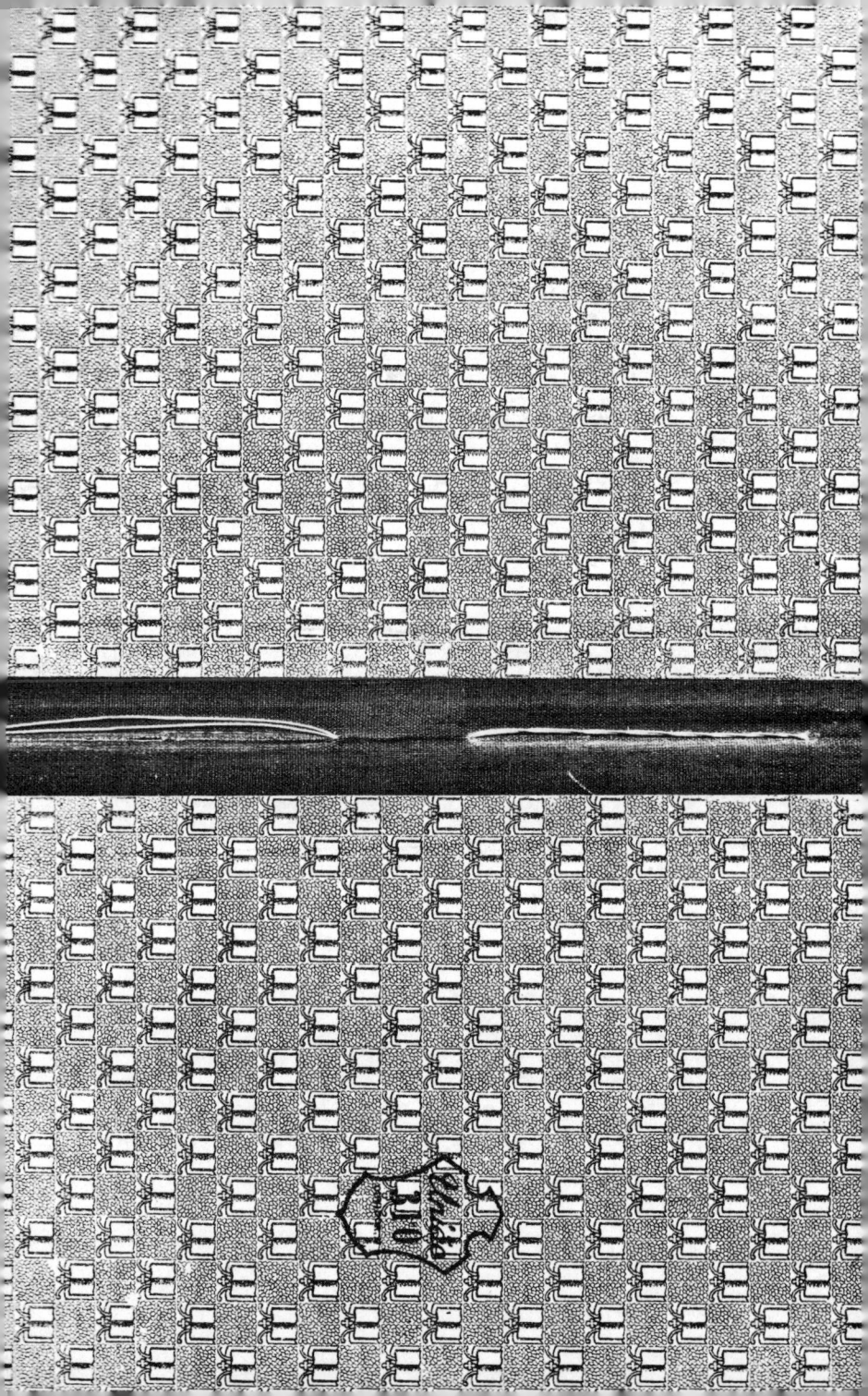

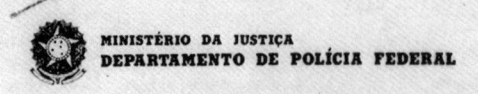

MINISTÉRIO DA JUSTIÇA
DEPARTAMENTO DE POLÍCIA FEDERAL

CENSURA FEDERAL

TELEVISÃO

Certificado Nº........

PROGRAMA _____

PRODUTOR _____

EMISSORA _____

HORÁRIO AUTORIZADO **22 HORAS** PROIBIDO PARA MENORES ATÉ: **16 ANOS**

VÁLIDO ATÉ ____ DE _____ DE 19___

BRASÍLIA, ___ de _____ de 19___

PROIBIDO PARA ANTES DAS 22:00 HORAS

Diretor da DCDP

Raízes: estréia de hoje no canal 4

O seriado "Raízes" marcou uma geração, mencionar o programa não foi à toa. Desconfiou-se que a série nunca seria exibida aqui, pois temia-se "ameaçar o equilíbrio racial brasileiro". Nas telas, uma ficção sobre origens projeta uma ideia de abolição. O colunista do Jornal do Brasil José Carlos Oliveira escreveu que "quem viu há de concordar: a liberdade não se conquista, não se suplica, não se ganha, não se compra, não se arrebata. A liberdade perde-se. Você é livre e de repente não o é mais. Trágica situação! É preciso andar de olho aberto, armado de lucidez impoluta, escudado numa desconfiança instintiva — espécie de segunda natureza — porquanto, meus queridos, há sempre alguém querendo roubar a nossa liberdade". Certos futuros são lembranças de um seriado na TV.

NO LIMIAR DA IDADE MADURA PARECE QUE NUNCA

Será que no dia da minha morte terei deixado

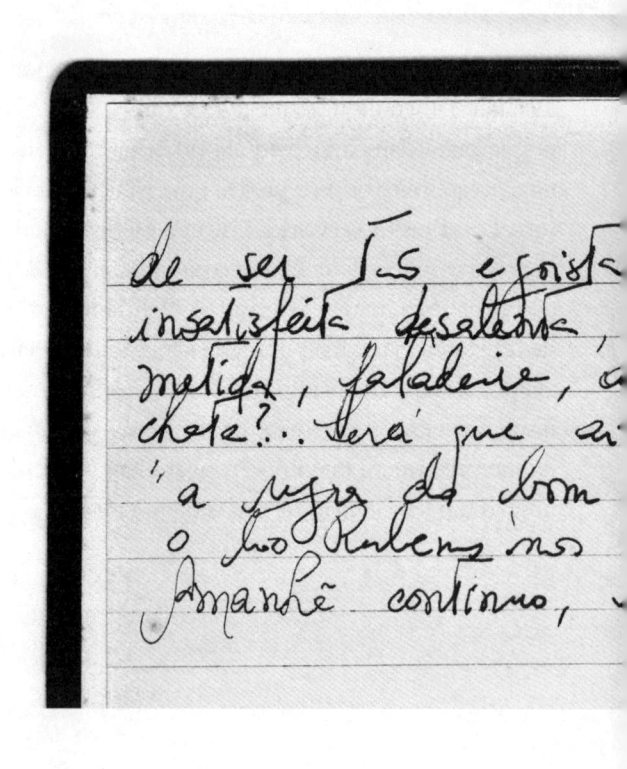

SOUBE VIVER.

Trinta anos depois da escrita no diário, poucos dias
após o enterro, meu pai encontrou o caderno e me disse:
"Não foi a sua mãe que escreveu isso".
Era uma voz que eu também nunca tinha ouvido.
Lá em casa, reclamar era admitir o fracasso,
portanto, uma arena interditada.

Com o diário, também havia os bilhetes que escrevi dizendo que ia
fugir de casa e que ia pra um lugar melhor e que meu irmão não teria
mais irmã. Eu ia até a escada em frente aos elevadores e ficava lá
sentada até sentir medo ou vontade de ir ao banheiro. Voltava
derrotada daquele jogo de forças, e o que lembro dessas tentativas
de fuga era da minha mãe rindo. Rindo muito. Rindo muito.
"O riso digeria-se sem esforço." Do meu lado, o sentimento
de incompreensão nunca se dissipou.

Em represália, esbarrava nas coisas de quebrar, deixava cair seus vasos
com flores, os copos, a louça. O que eu segurava procurava um jeito
de se espatifar. Não iria mais me desviar dos obstáculos naquele
apartamento de espaços apertados e objetos em demasia.
Eu só poderia me tornar o que sou sendo desobediente,
em contínua ruptura. Mais velha, pude fugir de fato da intimidade do
convívio procurando um exílio. Em momentos mais solitários
do que havia desejado, revisitar aqueles cacos se tornou uma maneira
de pedir desculpas, monumentos que atestavam minha vergonha de
filha malcriada. Devo a você a ansiedade da perfeição,
não há conserto quando se falta uma peça.

Conte aqui como é o gênio de (nome do bebê), suas qualidades, seus pequenos defeitos, sua primeira aventura.

É esperta, observadora e simpática, porém gosta de mexer em tudo. Muito curiosa, não para um segundo, não gostando de ser chamada atenção. Também adora choramingar para conseguir o que deseja.

No momento de sair eu me virei, disse minha mãe. Por isso tive de sair pela barriga. Cortaram a barriga e me tiraram lá de dentro. Daí pra frente, só piorou, de novo me virando, evitando, fingindo e me livrando da possibilidade de que pudéssemos ser próximas. Chorar era motivo de vergonha. Sexo era motivo de vergonha. Minha vocação era motivo de vergonha, ou falta de dinheiro, o que, no final das contas, dava no mesmo. Queria poder culpar minha mãe pela minha falta de jeito, mas ela não deixaria por menos. Fazer o que pôde custou-lhe a vida.

POR QUE VOCÊ VEIO,

SE SÓ ACEITA SER AMADA PELA METADE?

Antes de colocar o caixão naquele nicho, onde já havia outros dois cadáveres abaixo, as senhoras do grupo de oração da minha mãe resolveram fazer uma reza pela subida de sua alma. Era o terço e lá pela vigésima quinta ave-maria, meu pai me pergunta: "mas já rezou muito, não vai acabar isso, não?". Depois disso tive certeza de que ele sobreviveria ao vazio que o corpo à nossa frente nos legava. Aqueles olhos fechados e a boca congelada num movimento que parecia estar no meio de uma frase ou mesmo num grito entredentes, era um nada. Deve ter doído se desprender.

Não pulsa, deram descarga elétrica. Nada vibra, cessam os tremores. Entubaram, não respira. O ar está cheio de água e gordura, estou sufocada. Os dois hemisférios do cérebro em um movimento sincronizado fazem um uníssono não. Acabou de vez a febre que não passava há 20 dias. O corpo esfria, ausência de calor. Fim. Não foi morte natural.

As senhoras ainda rezariam mais vinte e cinco vezes, estava longe de terminar. Um lamento constante. Graças a deus que não decidiram pelo rosário.

COMPARECEU

FALTOU

Na missa de um mês de morte, seu nome foi lido junto a umas outras trinta pessoas, o que deu a impressão de ser uma missa qualquer ou talvez morra muita gente em Niterói. A segunda leitura foi Gênesis 22, a parábola de Abraão levando seu único filho pra ser sacrificado como prova de amor e obediência a deus. Com fogo e lenha, eis-me aqui. Achava que meu pai não estivesse prestando atenção, nunca teve temperamento para cerimônias, mas me perguntou surpreendido com o desfecho: "Peraí, mas essa história aí aconteceu mesmo?! Não é possível". Certamente que não. A moral daquela história também não me alcançava; absurda e cruel, não oferecia qualquer consolo naquele momento. Cumpríamos os rituais para nos ancorar como família, mas nos afastávamos ainda mais. Minha mãe havia morrido e a singularidade da sua existência estava resumida a clichês. Palavra do senhor. Ele está no meio de nós.

FALTOU

FALTOU

FAL

FALTOU

FALTOU

FALTOU

FALTOU

FALTOU

OU

FALTOU

ALTOU

FALTOU

FALTOU

Uma mulher negra aguenta tudo, até o dia em que não consegue mais subir escadas. O braço todo furado e minha mãe nunca reclamava, disfarçava seus apuros com perfeição. Finalmente descobriram que a enfermeira que aplicava a quimioterapia estava com catarata e por isso não acertava a veia. Os acessos iam murchando desidratados a cada picada no lugar errado. O braço todo furado e nunca reclamava. Odiava quando chamavam minha mãe de guerreira. Seu corpo não era um campo de batalhas. Para todos os efeitos, a santa no oratório, que visitava os apartamentos do bairro, ficaria sem rezas quando chegasse a vez de dormir em nossa casa.

NÃO ESTOU MAIS VIVA,

AGORA SÓ POSSO PROTEGÊ-LA EM PENSAMENTO.

Depois de três anos, não sobraria mais corpo. A água seria absorvida pelo ambiente e os vermes comeriam a carne apodrecida.
O que restasse seria transferido para uma caixa ainda menor, onde jazeria para sempre, seja lá o que "jazer" signifique.
Uma caveira arrumada numa caixa.

Mortos são corpos do mundo que não são mais corpos de ninguém.
Um corpo separado de sua memória não é mais uma pessoa.
Não adianta colocar uma placa pra dizer quem foi.
Mandar fazer uma lápide com foto também não.

Invocando, entre na minha consciência.
Ela acessa os não viventes para ver o futuro.
Num mesmo dia foram criadas a sua carne

                              Não faça disso

Evocando, manifeste-se.
Eu me recordo.
e a sua consciência.

um descompasso.

ELA PROCURA POR MIM,

APAREÇO APENAS QUANDO POSSO.

Estávamos nadando ou sendo arrastados pelas ondas?

Eu nego que isso aconteceu. Não saio do território psíquico do sofrimento. Essa fronteira não será cruzada. Não aconteceu, não existe.

Eu arrumo gavetas no ar. Estão abarrotadas de coisas. Tiro uma de cada vez. Um passo pesado pela casa, vou ser descoberta. Comecei pela gaveta de cima, ainda faltam as outras. Se me pegarem mais uma vez conversando com a voz, vão me chamar de doida e não arranjarei marido. Procuro disfarçar meus movimentos sussurrando, como se fosse música, e finjo que não vejo a bagunça. Sinto um olhar de pena na minha direção, mas já passou. Alívio, agora posso recomeçar o meu trabalho. Tenho tanto a fazer.

Eu faço do meu corpo um altar
Nele um morto pode dançar

Os vizinhos também sabem que aqui faz muito barulho?

As gavetas dão falsos limites para os esqueletos, por isso fez do calcário dos ossos um giz. Com ele riscava setas e desenhava o branco do olho de seres que nunca precisariam de óculos. Organizava o invisível, pois todos os dias era dia de finados. Chegavam os ventos de adivinhar.

Aproveita, minha gente, que essa noite não é nada.

Por que não a cremaram? Por que não queimam as pessoas dessa família? Cada vida em sua caixa. Como posso distinguir os despojos dessa mãe dos restos das outras?

SE VOCÊ ESTIVER CONSCIENTE DURANTE A MORTE,

NÃO SOBREVIVERÁ.

no céu

NO CÉU
com minha mãe estarei

Te machucar era uma forma de não ser ignorada.

Agora que você não está mais viva,
não preciso mais de sua aprovação.

**ESTE ANO
EU JURO QUE VOU...**

Janeiro

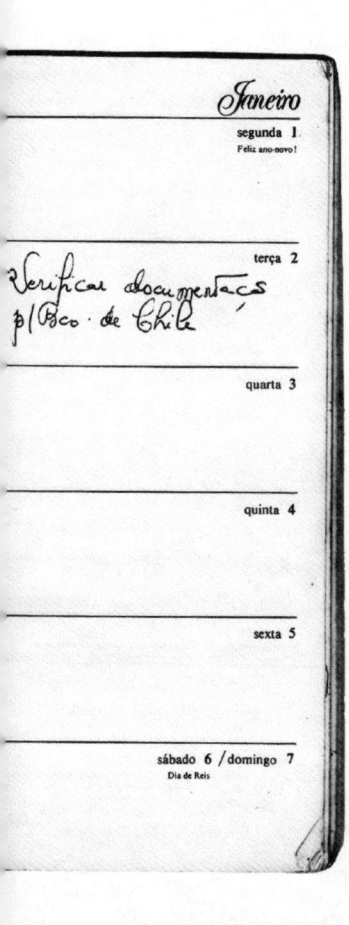

segunda 1
Feliz ano-novo!

terça 2
Verificar documentos
p/ Bco. de Chile

quarta 3

quinta 4

sexta 5

sábado 6 / domingo 7
Dia de Reis

Minha mãe tinha 40 anos em 1979, mesmo ano em que escrevia umas poucas entradas em um diário. Anotou em sua agenda: "Conseguir realizar tudo o que planejar". Riscou. Depois escreveu: "Não dá mais para aguentar tanta hipocrisia e molecagem". Riscou também.

"Algo muito estranho aconteceu no meu casamento", disse minha mãe. "Eu estava lá?", brinquei. Interrompi seu pensamento com uma piada, mas tive a impressão de ter entrado na fila e cumprimentado meus futuros pais. Pena que não se lembraram quem eu era e depois se perguntaram intrigados: quem haveria de ser aquela estranha convidada?

Batidinhas na minha mão. Foi assim que a minha mãe se despediu de mim. Dando leves batidinhas na minha mão, como se dissesse vai, vai embora. Não fui diagnosticada com aquela doença horrível, mas vou morrer do mesmo jeito. Mais batidinhas. Não tenha esperança. Batendo. Não tenho mais nada a fazer, a não ser te apressar. Vai.

Uma vez, de maneira casual, chamei minha mãe de louca. Ah, pra quê. Seria obrigada a ouvir seus gritos. Você me respeite porque eu sou sua mãe e outros lugares-comuns de uma relação desgastada. Estar vulnerável aos seus cuidados me perturbava. Não surtiu efeito. Louca. Louca. Louca. Bater de portas. Novamente eu teria que cruzar a ponte Rio-Niterói com más notícias.

O medo de enlouquecer era uma constante em nossa família.

violência como princípio
racismo como base
genocídio como meta

PASSABILIDADE

habilidade de me tornar invisível

habilidade de ser tolerada

Lugar de mãe. Lugar de filha. Mesmo quando eu tive de lhe dar um banho. Primeira comunhão.

Uma última respiração sua atravessou o cordão umbilical e saiu dos meus olhos em forma de lágrimas. Mesmo adulta eu ainda era capaz de habitar o seu corpo. Mover os seus órgãos de lugar.

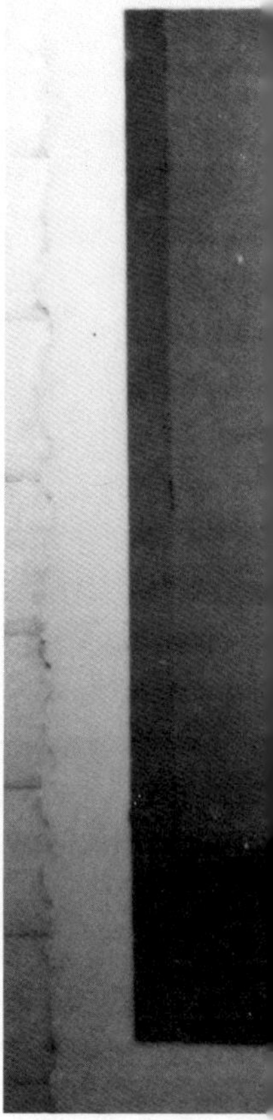

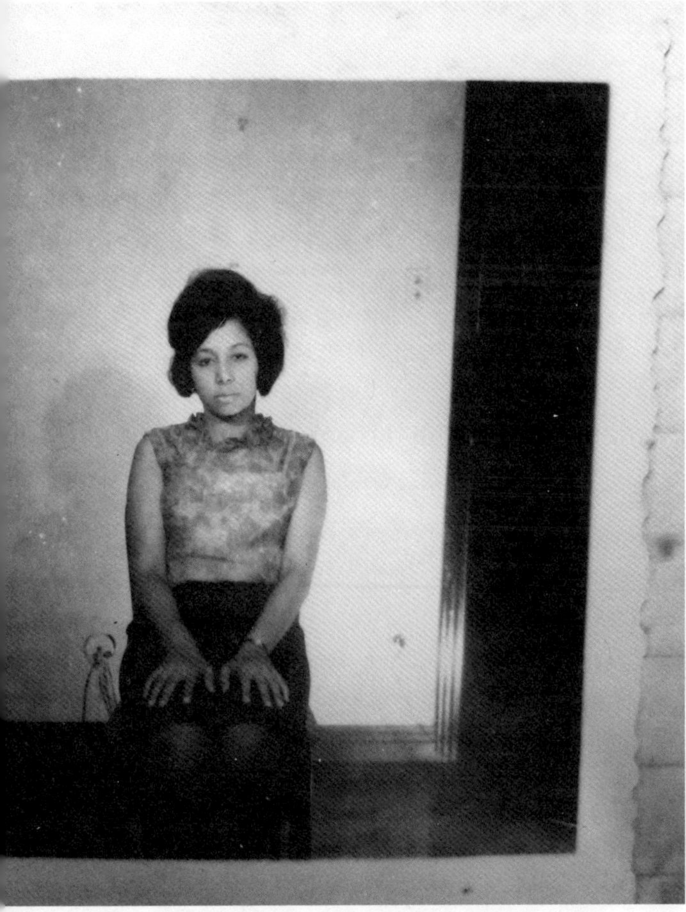

TUDO O QUE NÃO TIVE

SERÁ DELA.

Seu corpo ainda não fedia, mas mosquitinhos sobrevoavam o seu rosto. Talvez atraídos pelas flores que preenchiam o espaço entre o cadáver e o caixão, talvez porque a decomposição já houvesse dado partida. Nós apenas não sentíamos o cheiro do seu desaparecimento.

Gases formavam fantasmas que tinham o seu nome. Se alguém respirasse aquela fumaça rarefeita, repetiria: não fui eu.

Seus dedos tinham olhos e tudo o que tocava se transformava em espelhos, pois todo o reflexo é uma manifestação física do mundo espiritual. Ela disse para não colocar nas palavras a minha própria destruição e não celebrar a ruína, nem como elemento estruturante de beleza. Era preciso enterrar os olhos antes de todo o resto.
Na sua mão, entre os seus dedos, colocaram um terço
antes de fechar o caixão.

Dentro do cemitério, os mortos entravam sem pedir licença.
Eu era a filha do funeral e escrevia meu próprio obituário.
Convertia sepulturas em livros.

AS PESSOAS NÃO SABEM, MAS OS LUGARES SABEM.

Eles sonham ou fotografam a si mesmos?

No ano em que nasci, o padre Zezinho lançou o sucesso que diz: "quando Jesus passar, eu quero estar no meu lugar".
É cantada até hoje. Estar no seu lugar para a chegada do Messias.
Posicionar-se é colocar-se ao centro? Ninguém se moveu.
E perguntou no meio de um sorriso O que é preciso para ser feliz?

Se eu soubesse teria soprado um par de pulmões
no lugar do seu útero
E esse par extra você o teria doado em vida
para Ambrosina
que poderia assim respirar o vento da eternidade
que não termina no dia seguinte
Inverter a lógica dos embriões
A filha que vira uma ancestral da mãe
memória e veículo
A água é uma máquina do tempo

ESTA AGENDA
PERTENCE A

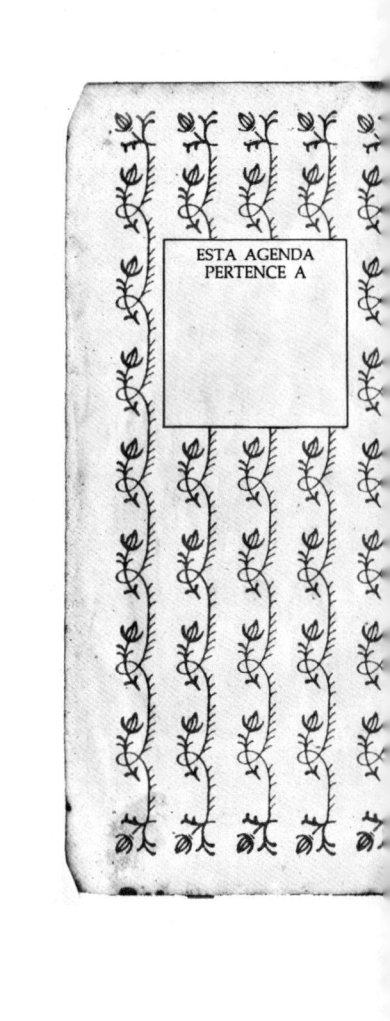

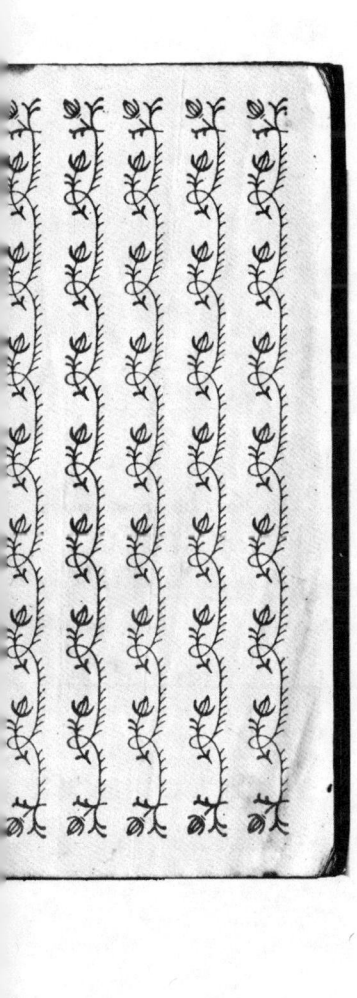

Sete
filhos, Ambrosina, mesmo nome da mãe,
seu marido português registrou o óbito da sogra
Antonio, o caçula, dizia que era a raspa do tacho
por ser o mais novo e o mais escuro
Honorina, dona Mocinha
mãe do meu avô
Cassi-
unda, apelido Bizoca
curava com ervas e fumaças
Izaulina faleceu jovem
Nicaldes, arquivista,
soprou este livro

pegar um punhado de folhas de tansagem
sete-nervos
brota com facilidade
rainha dos caminhos
não respeita fronteiras
lavar
secar as folhas
pôr no forno para torrar
depois de torradas
moer as folhas
em seguida
passar as folhas moídas num pano
bem fino
até ficar um pó
fininho
cortar tiras de gordura
bem branquinhas
que ficam embaixo da costela da barriga do porco
derreter as tiras numa vasilha
em banho-maria
deixar esfriar e bater bem
até formar uma pasta
misturar o pó fino da tansagem
três dias no sereno
batendo sempre
a cada dia
ao final de três noites
está pronta

Copyright © 2022 Aline Motta

Todos os direitos reservados. Nenhuma parte desta obra pode ser reproduzida, arquivada ou transmitida de nenhuma forma ou por nenhum meio sem a permissão expressa e por escrito da Editora Fósforo e da Luna Parque Edições.

EQUIPE DE PRODUÇÃO
Ana Luiza Greco, Fernanda Diamant, Julia Monteiro, Leonardo Gandolfi, Mariana Correia Santos, Marília Garcia, Rita Mattar, Zilmara Pimentel
REVISÃO Eduardo Russo
PROJETO GRÁFICO Alles Blau e Aline Motta
EDITORAÇÃO ELETRÔNICA Página Viva
PROCEDÊNCIA DE TEXTOS E IMAGENS
p. 12 — Recorte do jornal *O Paiz*, 4 de julho de 1894.
p. 13 — Recorte do jornal *O Paiz*, 5 de setembro de 1894.
p. 15 — Bilhete da menina que coloca o filho na roda feito a partir de diferentes bilhetes encontrados na tese de doutorado "O sinal é este mesmo bilhete: tipologia documental para os escritos da roda dos expostos", de Elizangela Nivardo Dias (Universidade de São Paulo, 2018). A frase "Nem todas as crianças vingam, bateu-lhe o coração" pertence ao conto "Pai contra mãe", de Machado de Assis.
pp. 16, 17 — Recortes da "Planta da cidade do Rio de Janeiro e de uma parte dos subúrbios [material cartográfico]" (Laemmert & Cia., 1885).
pp. 18, 19, 20, 21 — Recorte da fotografia de domínio público/Acervo do Instituto Moreira Salles: "Vista de Santa Teresa e os Arcos da Lapa", de Marc Ferrez.
p. 23 — Legenda caligráfica de uma fotografia de Augusto Malta (Portal Augusto Malta/Arquivo Geral da Cidade do Rio de Janeiro) [PDF/AM/PC-1662].
pp. 24, 25 — A partir da edição de 1906 do livro de *Relíquias de casa velha*, de Machado de Assis, conto "Pai contra mãe".
p. 28 — Recorte do jornal *Novidades*, 19 de outubro de 1891: "Rapto".
p. 29 — Recorte do jornal *O Tempo*, 23 de outubro de 1891: "O Dr. Luiz Cirne". Recorte do jornal *O Tempo*, 19 de outubro de 1891: "Entre os muitos processos". Recorte do jornal *Gazeta de Notícias*, 29 de outubro de 1891: "Foi hontem rectificada na Casa de Detenção".
pp. 30, 31 — Trechos de documentos históricos citados a partir do artigo "Autos de defloramento: um estudo léxico-semântico de documentos cíveis do início do séc. xx", de Rita de Cássia Ribeiro de Queiroz, publicado na revista *Virtua*, nº 1, Universidade Estadual de Feira de Santana (UEFS), pp. 19 e 23.
pp. 32, 33 — Trecho da certidão de casamento de Michaela Iracema com Eurico Juvenal (10ª Circunscrição, 4 de dezembro de 1891).
p. 54 — Trecho de diário da mãe da autora, 1979 (Coleção da autora).
pp. 58, 59 — Diário da mãe da autora, 1979 (Coleção da autora).
p. 61 — A frase "O riso digeria-se sem esforço" pertence ao conto "Pai contra mãe", de Machado de Assis.
p. 65 — "Meu bebê", 1975 (Coleção da autora).
pp. 72, 73, 76, 77 — A partir da caderneta escolar da mãe da autora, curso ginásio, 2ª série, década de 1950 (Coleção da autora).
pp. 106, 107 — Agenda da mãe da autora, 1979 (Coleção da autora).
pp. 122, 123 — Fotografia da mãe da autora, década de 1960 (Coleção da autora).
pp. 138, 139 — Agenda da mãe da autora, 1979 (Coleção da autora).

Este livro foi realizado com incentivo da Bolsa de Fotografia ZUM/Instituto Moreira Salles e Programa "Coincidência" da Fundação Suíça para a Cultura Pro Helvetia.

Dados Internacionais de Catalogação na Publicação (CIP)
(Câmara Brasileira do Livro, SP, Brasil)

Motta, Aline
  A água é uma máquina do tempo / Aline Motta. — São Paulo, SP : Círculo de poemas, 2022.

  ISBN: 978-65-84574-04-5

  1. Poesia brasileira I. Título.

22-104297   CDD — B869.1

Índice para catálogo sistemático:
1. Poesia : Literatura brasileira   B869.1

Maria Alice Ferreira — Bibliotecária — CRB-8/7964

1ª edição
1ª reimpressão, 2023

CÍRCULO *Luna Parque*
DE POEMAS *Fósforo*

circulodepoemas.com.br
lunaparque.com.br
fosforoeditora.com.br

Editora Fósforo
Rua 24 de Maio, 270/276, 10º andar
01041-001 - São Paulo/SP — Brasil

FSC
www.fsc.org
MISTO
Papel | Apoiando o manejo florestal responsável
FSC® C011095

A marca FSC® é a garantia de que a madeira utilizada na fabricação do papel deste livro provém de florestas gerenciadas de maneira ambientalmente correta, socialmente justa e economicamente viável e de outras fontes de origem controlada.

ipsis

CÍRCULO *Luna Parque*
DE POEMAS *Fósforo*

Este livro foi composto em Baskerville
e impresso em abril de 2023.
Seguir com a memória num sopro
do tempo, pelo corpo da língua,
do arquivo, da água.